4 FEV. 1867

AF313270

Vente les Lundi 4, Mardi 5, Mercredi 6 & Jeudi 7 Février 1867

COLLECTION

DE

M. le Vicomte DE GAVARRET-ROUAIX

DE TOULOUSE

TABLEAUX ANCIENS

ET MODERNES

OBJETS D'ART ET DE CURIOSITÉ

EXPOSITION PARTICULIÈRE, le Samedi 2 Février 1867,

EXPOSITION PUBLIQUE, le Dimanche 3 Février 1867.

Mᵉ Philippe LECHAT	M. FEBVRE
COMMISSAIRE-PRISEUR	EXPERT

EXEMPLAIRE DE H STETTINER

RENOU ET MAULDE
IMPRIMEURS DE LA COMPAGNIE DES COMMISSAIRES-PRISEURS
Rue de Rivoli, 144.

COLLECTION DE M. LE VICOMTE DE GAVARRET-ROUAIX
DE TOULOUSE

CATALOGUE

DE

TABLEAUX ANCIENS

PARMI LESQUELS

Une Œuvre capitale de NATTIER

TABLEAUX MODERNES

PARMI LESQUELS

CINQ PAR BRASCASSAT

DESSINS

Objets d'Art et de Curiosité; Miniatures; Émaux; Tabatières;
Ivoires; BELLES MÉDAILLES

**Porcelaines anciennes de Sèvres, de Saxe, de la Chine et du Japon;
Armes de luxe anciennes et modernes; bois sculptés
et Meubles anciens;**

DONT LA VENTE AUX ENCHÈRES PUBLIQUES AURA LIEU

HOTEL DES VENTES, RUE DROUOT, N° 5

SALLE N° 8

Les Lundi 4, Mardi 5, Mercredi 6 et Jeudi 7 Février 1867

A DEUX HEURES TRÈS-PRÉCISES

Par le ministère de Me **PHILIPPE LECHAT,** Commissaire-Priseur,
rue de Provence, 73,

Assisté de M. **FEBVRE,** Expert, rue Laffitte, 12,
Chez lesquels se distribue le présent Catalogue.

EXPOSITIONS
{ PARTICULIÈRE : le SAMEDI 2 Février 1867; }
{ PUBLIQUE : le DIMANCHE 3 Février 1867 ; }
De 1 à 5 heures.

La Vente de la Bibliothèque de M. le Vicomte de GAVARRET-ROUAIX aura lieu prochainement.

PARIS — 1867

CONDITIONS DE LA VENTE

Elle sera faite au comptant.

Les Acquéreurs paieront CINQ POUR CENT en sus du prix d'adjudication,

L'Exposition mettant le public à même de se rendre compte de l'état des Objets, il ne sera admis aucune réclamation une fois l'adjudication prononcée.

Plusieurs Toiles intéressantes se trouvent dans cette Collection. Nous nous bornerons, cependant, à signaler à l'attention du Public une œuvre capitale de Nattier, ce peintre si justement recherché de nos jours; œuvre qui, au mérite d'une exécution irréprochable, joint celui de reproduire les traits d'une femme charmante.

Quant aux Objets d'art et de curiosité, n'ayant pu les recevoir en temps utile, nous avons dû reproduire au Catalogue les nomenclature et désignation que nous en a données leur propriétaire.

TABLEAUX ANCIENS

ALBANI (FRANÇOIS)

1 — Vénus et l'Amour.

Galerie de Varagne.

PAR LE MÊME

2 — La Mort d'Adonis.

Galerie de Varagne.

AUBRY (ÉTIENNE)

3 — La Cruche cassée.

Scène d'intérieur; trois figures.

Galerie de Varagne.

BÉGA (CORNEILLE)

4 — Intérieur hollandais.

Deux fumeurs, l'un assis, l'autre debout; près d'eux une vieille occupée à filer.

BÉNARD (JEAN-BAPTISTE)

5 — Danse champêtre dans l'intérieur d'un parc.

BERNÈDE (SIGNÉ)

6 — Fruits, Oiseaux, Poissons et Accessoires.

7 — Pendant du précédent.

BIDAULT (JOSEPH-XAVIER)

8 — Les Chevreuils. Paysage.

BLOEMEN (JEAN-FRANÇOIS-VAN), dit ORIZONTE

9 — Campagne italienne; environs de Naples.

BOILLY LOUIS (Attribué à)

10 — Les Incroyables au parc de Versailles.

PAR LE MÊME

11 — Même genre de composition; pendant du précédent.

PAR LE MÊME

12 — Rixe dans une hôtellerie italienne.

Galerie de Varague.

BOTH (JEAN)

13 — Paysage avec ruines, pâtre et animaux; soleil couchant.

BOTH JEAN (École de)

14 — Grand Paysage, site italien.

A droite, de hautes roches avec chute d'eau; à gauche, vaste campagne avec pont rustique que traversent des animaux.

PAR LE MÉME

15 — Paysage italien avec castel en ruines.

BREENBERG (BARTHOLOMÉ)

16 — Paysage avec édifice en ruines.

 Sur le devant quelques pâtres et des chèvres.

BREYDEL (le Chevalier)

17 — Choc de cavalerie.

 Grande quantité de combattants, de morts et de blessés.

BREUGHEL (JEAN), dit DE VELOURS

18 — Paysage avec halte de voyageurs.

 A gauche, coteau avec route; sur le devant voyageurs orientaux et leur suite; à droite, fond montagneux.

BRIL (MATHIEU)

19 — Grand Paysage boisé, traité dans la manière de Breughel.

BRIL (PAUL)

20 — Charmant petit Paysage, avec le sujet de l'Enfant Prodigue.

20 bis — Paysage accidenté; pendant du précédent.

BUDEN (VAN)

21 — Intérièur d'un temple avec personnages.

CARPENTERO (JEAN-CHARLES)

22 — Villageois causant avec une jeune fille. Intérieur.

CARRACHE (ANNIBAL)

23 — Nymphe flagellée par un Satyre.

CARRACHE (LOUIS)

24 — Quatre Compositions : Allégories des quatre Saisons.

CHALLE

25 — Le Cordon de sonnette; scène galante.

CLOUET (FRANÇOIS), dit JANNET

26 — Portrait en buste de Catherine de Médicis.

Galerie de Belesta.

PAR LE MÊME

27 — Portrait en buste de Henri III, roi de France.

Galerie de Belesta.

CORRÉGE (ANTOINE-ALLEGRI, dit LE)
(Attribué à)

2 —Bethsabée au bain surprise par David.

Galerie de Varagne.

CUEILLMANS

29 — Villages flamands; deux pendants.

CUYP (G.)

30 — Animaux sous la garde d'un pâtre jouant du chalumeau.

Ancienne collection Saint-Raymond.

DIETRICK (CHRÉTIEN)

31 — Bergers et animaux arrêtés près d'une fontaine; campagne italienne.

PAR LE MÊME

32 — Le roi David dansant devant l'Arche.

Composition capitale.

PAR LE MÊME

33 — Tête de Rabbin.

DOMINIQUIN (Attribué à)

34 — Behtsabée au bain.

DROOGSLOOT (JOSEPH-CORNEILLE)

35 — Place d'un village le jour d'une kermesse; grande quantité de personnages.

DROLLING

36 — Petit Jardinier assis sur un tertre.

DUSART (CORNEILLE)

37 — Un Villageois et une Femme endormis à la porte
d'une auberge; près d'eux un homme debout.

DUVAL (EUSTACHE-FRANÇOIS)

38 — La Rentrée des champs. Paysage.

ELST (VAN DER)

39 — Oiseaux morts sur une table de pierre.

FRANCK (FRANÇOIS), dit LE VIEUX

40 — Le Festin de Balthazar.

> Une main invisible trace au-dessus de sa tête les mots prophé-
tiques : Mane, Tecel, Pharès.

FYT (JEAN)

41 — Oiseaux morts posés sur une pierre.

PAR LE MÊME

42 — Oiseaux morts; pendant du précédent.

GAAL (BERNARD)

43 — Halte de cavaliers à la porte d'une auberge.

Dans le fond, d'autres cavaliers dans une vaste campagne sillonnée par un cours d'eau.

GATHALS

44 — Marine et Plage ; ciel brumeux.

Une barque quitte le rivage où l'on voit des marins.

GIORDANO (LUCA)

45 — Mercure apporte à Jupiter les foudres forgées par Vulcain.

Œuvre énergique.

Galerie de Comminges Spinola.

GOLTZIUS (HENRY)

46 — Allégorie de la Charité.

GOYEN (JEAN VAN). Signé

47 — Paysage boisé avec chaumière.

Sur le devant, trois paysans causent.

PAR LE MÊME

48 — Vue de la Meuse et de la ville de Dordrecht.

Bonne qualité du maître.

PAR LE MÊME

49 — Paysage.

> A droite et près d'un tertre sablonneux, quatre villageois causant.

PAR LE MÊME

50 — Paysage avec coup de soleil.

PAR LE MÊME

51 — Paysage.

> Sur le devant, terrain vivement éclairé; au milieu route montueuse formant l'entrée d'un bois près duquel deux villageois causent; à droite, fond de campagne avec moulin à vent.

GRIMOUX (JEAN)

52 — Jeune Femme vue à mi-corps, coiffée d'une toque ornée de plumes.

> Galerie de Varagne.

HEEM (CORNEILLE DE)

53 — Raisins dans une coupe de porcelaine.

HEEM (DAVID DE)

54 — Fruits, Fleurs et plat d'argent, le tout posé sur une table.

PAR LE MÊME

55 — Fruits, Légumes, Pain, Poissons et divers objets, le tout posé sur une table.

HEYDEN (VAN DER). Signé

56 — Vue d'une église sur la place d'une ville hollandaise.

KESSEL (FERDINAND VAN)

57 — Le Retour de la chasse.

> Beau paysage rappelant en tout les œuvres de Hobbema ; à gauche une chaumière entourée d'arbres, puis une colline dominée par un château-fort ; au centre de grands arbres aux cimes élevées bordent une route où sont des paysans et un cavalier suivi de son chien ; à droite d'autres grands arbres ; dans le fond, la lisière d'un bois.
>
> Cette œuvre remarquable porte la signature de Hobbema et la date de 1682.

KOBELL (D'UTRECHT)

58 — Animaux au repos près d'une ferme.

LAAR (PIERRE DE), dit BAMBOCHE

59 — Dans la cour d'une auberge des muletiers assis jouent aux cartes ; près d'eux sont des chevaux.

LANDOIT. Signé

60 — Cheval bai dans un paysage.

LENFANT (DE METZ)

61 — Portrait d'une jeune fille vue en buste.

LEBRUN (Mme)
NÉE MARIE-LOUISE-ÉLISABETH VIGÉE

62 — Hébé représentée en buste, la tête couronnée de roses.

LÉPICIÉ (Attribué à)

63 — L'Indiscret.

64 — La Comparaison.

LEPRINCE (ROBERT-LÉOPOLD)

65 — Paysage avec ancien donjon.

Sur une route, des cavaliers et des animaux.

LOIR (NICOLAS)

66 — Salmacis et Hermaphrodite.

LOO (CARLE VAN)

67 — Festin offert par Cléopâtre à Marc-Antoine.

La reine se dispose à faire dissoudre dans sa coupe une perle d'un grand prix.

LOUTHERBOURG (Attribué à)

68 — Les petits Bergers.

MACHY (PIERRE-ANTOINE DE), 1784

69 — Paysage avec ruines et baigneuses.

MARCELLIS (OTTO)

70 — Tige de chardon, Insectes et Papillons.

MAYER

71 — Paysage; soleil couchant.

MERLET. Signé

72 — Circassienne sur un lit de repos.

MEULEN (ANTOINE VAN DER), 1700

73 — Portrait du Dauphin, représenté en buste.

MICHAUD (THÉOBALD). Signé

74 — Buveurs dans un estaminet flamand.

PAR LE MÊME

75 — Le Moulin achalandé.

MIEL (JEAN)

76 — Vue du Forum à Rome un jour de marché; grande
quantité de personnages.

MIGNARD (PIERRE)

77 — Mlle de la Vallière.
Représentée assise sur un sopha; près d'elle est un Amour.

MIGNON (ABRAHAM). Signé

78 — Fleurs et Orange groupés dans un vase; sur une table de pierre, des cerises et un épi.

Galerie de Varagne.

MIGNON (Attribué à)

79 — Fruits et Vidrecome sur une table.

MOMMERS (HENRY)

80 — Voyageurs et Pâtre arrêtés à l'entrée d'une grotte au centre de laquelle est une source jaillissante

MONNOYER (BAPTISTE)

81 — Jeune Femme se dissimulant derrière des fleurs.

MOREAU

82 — Paysage.

Dans le fond un bois ; sur le devant plusieurs femmes près d'un cours d'eau ; à droite des rochers.

NATTIER (JEAN-MARC)
Signé et daté 1755.

83 — Portrait à mi-corps de Mlle de Château-Renaud, première femme du marquis de Belesta, mestre de camp sous Louis XV.

Chef-d'œuvre du maître, exposé au salon toulousain au Capitole en 1756. Très-riche encadrement en bois sculpté.

Galerie de Varagne.

NATOIRE (CHARLES)

84 — Diane, Apollon et des Amours.

PANNINI (JEAN-PAUL)

85 — Vue d'un palais de la ville de Gênes et d'une place publique. Nombreuses figures.

Galerie de Comminges Spinola.

PIAZETTA (JEAN-BAPTISTE)

86 — Vieillard causant avec une femme âgée.

PAR LE MÊME

87 — Pendant du précédent.

Vieille femme jouant de la vielle et vieillard jouant du timpanum.

PILLEMENT (JEAN)

88 — Animaux sur une route conduits par des villageois; à gauche, cascade et pont rustique.

PAR LE MÊME

89 — La Ferme.

Vue prise d'après nature sur le mont Canigo.

PIPPRE (LE)

90 — La Chasse au marais.

PŒLEMBURG (CORNEILLE)

91 — Diane et ses Nymphes au bain. Belle qualité du maître.

> Galerie de Varague.

QUERFURT (AUGUSTE)

92 — Halte de cavaliers.

> Des cavaliers sont arrêtés à la porte d'une auberge ; un aveugle conduit par un enfant leur demande l'aumône.

QUELLIN (ÉRASME)

93 — La Conversion de saint Mathieu. Composition de cinq figures.

RAVESTEIN (JEAN VAN)

94 — Portrait d'une dame hollandaise âgée vue en buste.

RIVALZ (ANTOINE)
UN DES PRINCIPAUX CHEFS DE L'ÉCOLE TOULOUSAINE

95 — Son Portrait.

> Représenté en buste dans l'embrasure d'une croisée ; sa main droite tient un crayon.

ROTHENAMER
Paysage par BREUGHEL

96 — La Nymphe Calisto chassée par Diane. Grande finesse d'exécution.

SABLÉ

97 — Offrande au dieu Pan.

Galerie de Varague.

SALVATOR ROSA

98 — Paysage agreste avec cours d'eau; peinture large et vigoureuse.

SOLIMÉNE (le Chevalier FRANÇOIS)

99 — Le Couronnement de la Vierge; belle esquisse.

STRY (JACQUES-VAN)

100 — Un Cavalier demande sa route à une jeune bergère gardant des animaux dans une prairie.

SWAGERS
(Figures de DEMAY)

101 — Vue d'un port sur les bords de la Meuse; à gauche l'entrée d'un bois.

TAUNAY (NICOLAS-ANTOINE)

102 — Vue du port de Barcelone; sur la plage de nombreux personnages.

TEMPESTA (ANTOINE)

103 — Ramasseurs d'épaves.

TERBURG (GÉRARD)

104 — Portrait d'un savant hollandais.

> De trois quarts à gauche, cheveux longs bouclés, pourpoint et manteau noirs, le bras gauche pendant.

104 bis — Portrait d'une dame hollandaise.

> De trois quarts à droite, robe noire avec guimpe et manches bouffantes ; les deux bras apparents.
>
> Collection de Comminges Spinola.

TIÉPOLO (Attribué à)

105 — Soldats partageant leur butin.

UDEN (LUC VAN)

106 — La Fenaison et l'Arc-en-ciel.

> A gauche, des villageois sur une route formant l'entrée d'un bois ; à droite, plaine avec moissonneurs ; sur le devant, un ruisseau.

VALLIN

107 — Le Sommeil d'Erigone.

> Galerie de Varague.

PAR LE MÊME

108 — Bacchante endormie dans un paysage.

> Galerie de Varague.

VERBRUGGEN (GASPARD-PIERRE)

109 — Groupe de fleurs dans un vase posé sur une table de marbre.

VERKOLIE (NICOLAS)

110 — Mercure et Hersé.

VERNET (JOSEPH) Signé

111 — Baigneuses près des cascatelles de Tivoli.

VERTANGEN (DANIEL)

112 — Jupiter allaité par la chèvre Amalthée.

Auprès, quelques nymphes ; dans le fond des satyres.
Galerie de Varague

VIEN (le baron)

113 — Job sur son fumier.

WALLAERT (Signé)

114 — Six grands panneaux décoratifs représentant des paysages animés de figures.

WERF (Le Chevalier VAN DER) D'après

115 — Nymphes dansant. Même sujet que celui du Musée du Louvre.

WEYLER (JEAN-BAPTISTE)

116 — Portrait en pied du duc d'Enghien dans un paysage. Près de lui son cheval, plus loin deux cavaliers. (Miniature.)

WOUVERMAN (PIERRE)

117 — Choc de cavalerie; grande quantité de combattants.

ZORG (HENRY-MARTIN)

118 — Ménagère hollandaise achetant des légumes.

ANCIENNE ÉCOLE FLAMANDE

119 — Portraits en buste des douze Césars, peints sur panneaux.

ÉCOLE ITALIENNE

120 — La Mort de la Madeleine.

ÉCOLE ITALIENNE,

121 — L'Amour endormi près de Vénus.

ÉCOLE ITALIENNE

122 — Tête de Christ.

TABLEAUX MODERNES

BONHEUR (AUGUSTE). Signé

123 — Berger ramenant son troupeau; paysage, soleil couchant.

BRASCASSAT (1834)
Signé en toutes lettres.

124 — Animaux se désaltérant dans un cours d'eau.

125 — Animaux sur le bord d'un lac; soleil levant.

PAR LE MÊME
Signé **A. B.** *Roma fecit* 1827.

126 — Paysage; environs de Tivoli.

PAR LE MÊME

127 — Paysage boisé avec chaumière et figures.

Collection de Castellane.

PAR LE MÊME
Signé du monogramme **A. B.**

128 — Paysage; site italien avec lac et pêcheurs.

Collection de Castellane.

CICERI (EUGÈNE)

129 — Le Chemin creux.

PAR LE MÊME

130 — Route entre deux collines.

131 — Paysage avec étang.

132 — Plage normande.

133 — La Prairie.

134 — Village bordé par un cours d'eau.

DREUX (ALFRED DE). Signé

135 — Course au clocher.

FINARD (1838)

136 — Campement de Cosaques.

Galerie de Varague.

GABÉ (EUGÈNE)

137 — Débarquement des troupes françaises à Oran.

GAUTHIER

138 — Chien de chasse dans un marais.

GUDIN (THÉODORE). Signé

139 — Marée basse; soleil couchant.

LECŒUR (JEAN-BAPTISTE)

140 — La Séduction. Intérieur; quatre figures.

Ancienne collection Castellane.

SCHEFFER (ARY) Signé

141 — Jeune Fille assise près d'une habitation. (Connu sous le titre Vertu et Misère.)

Collection Castellane.

ÉCOLE MODERNE BELGE

142 — Jeune Femme offrant du feu à un fumeur.

ÉCOLE MODERNE

143 — Les Présents de noce.

DESSINS

COCHIN (Signé)

144 — Fragment de la composition du maître (salle de bal
de Versailles); aquarelle et plume.

MEULEN (VAN DER)

145 — Épisode des guerres des Camisards. (Sanguine.)

VERNET (CARLE)

146 — Épisode du combat du Caire. (Encre de Chine.)

VERNET (JOSEPH)

147 — Vue de Rome et du Tibre. (Gouache.)

PAR LE MÊME

148 — Vue du Colisée. (Gouache.)

INCONNU

149 — Sujet tiré des contes de La Fontaine. Gouache.

DÉSIGNATION

DES OBJETS

MINIATURES & ÉMAUX

150 — Portrait du général Cafarelli. (Signé Augustin.)

151 — Portrait d'une jeune femme poudrée de l'époque de Louis XV.

152 — Petite peinture sur papier : Animaux. (A. de Velde.)

153 — Petite peinture allemande sur argent.

154 — (*Idem*). Pendant du précédent.

155 — Portrait de l'amiral de Coligny. Vélin du temps sur fond or.

156 — Portrait d'une fille du régent. (Miniature.)

157 — Portrait d'une jeune femme poudrée. (Lafrérie.)

158 — Portrait d'un jeune homme. (Pendant du précédent.)

159 — Trois petites grisailles pour bague. (Femmes.)

160 — Deux miniatures érotiques.

161 — Portrait d'une jeune femme, costume Louis XVI.

162 — Portrait de Mme de Pompadour; elle est entourée de plusieurs femmes de la Cour en baigneuses (cadre en or). Petit chef-d'œuvre.

163 — Portrait d'une jeune femme, époque Louis **XV** (sur cuivre.)

164 — Portrait de femme. (Par Boucher.)

165 — Portrait d'une jeune femme avec colombes. (Par Fragonard.)

166 — Petite scène d'intérieur. Miniature sur ivoire.

167 — Portrait de femme. (Époque de la Restauration.)

168 — Portrait du Marquis de Belesta, de la Cour d'Henry II, par Clouët. (Sur argent.)

169 — La Madeleine. Peinture sur cuivre par Miéris.

170 — Saint-Antoine. Pendant du précédent.

171 — Petit portrait de Jean Racine, sur vélin au crayon noir et à l'encre de Chine.

172 — Portrait d'André Chénier. (Sur cuivre.)

173 — Portrait d'une vieille femme. Peinture sur toile. (Par Boucher.)

174 — Tête de jeune homme, sur toile. (Par Boucher.)

175 — Deux jeunes femmes. Costume Louis XVI. Miniature sur ivoire.

176 — Jeune femme couchée, peinture sur ivoire.

177 — Portrait de Madame la duchesse d'Eselignac, sur vélin. Costume Louis XVI. Très-remarquable.

178 — Sujet tiré des Contes de La Fontaine, sur ivoire.

179 — Hercule et Omphale. Charmante miniature sur ivoire.

180 — Miniature gouache. Sujet mythologique. (Par Mieris.)

181 — Portrait de Juvénal des Ursins. Vélin.

182 — Fragment. Belle miniature vélin tirée d'un missel.

183 — Fragment d'un livre de plain-chant, miniature vélin.

184 — Miniature sur vélin, tirée d'un missel.

185 — Lutèce appuyée sur les armes de France, miniature sur vélin.

186 — Douze portraits sur cuivre, du XVIIIe siècle. Bordure du temps, également en cuivre. Ils sont peints en grisaille, moins un. (Seront divisés.)

187 — Quatre petits portraits sur cuivre, papier et vélin, deux d'hommes et deux de femmes. Costumes Henri III et Louis XIII. Seront divisés.

188 — Treize émaux, dans leur cadre en bois doré, représentant les douze Apôtres et le Christ au milieu. (De J. Courteys). Ces émaux sont d'unegrande pureté et parfaitement conservés.

189 — Bel émail représentant le Siége de Troie. (De P. Raymond.)

190 — Email représentant la Vierge. (De Laudin.)

191 — La Madeleine. Email de Laudin.

192 — Un cadre contenant douze émaux de sainteté au nombre desquels quatre émaux espagnols curieux.

193 — Sainte Thérèse. Email encadré.

194 — Reliquaire avec émail du XVe siècle et sa monture.

195 — Email russe sur vermeil.

196 — L'Enfance d'Hercule. (Email sur or.)

197 — Deux petits émaux Louis XVIII. Portraits de femme.

198 — Sept petits émaux. (Seront divisés).

199 — Quatorze miniatures et fixés. (Seront divisés.)

200 — Un encrier et ses accessoire en émail de Saxe fond bleu.

201 — Miniature : portrait de Femme. Grisaille.

202 — Portrait de la Reine Hortense. Belle sculpture sur ivoire.

TABATIÈRES & BOITES

203 — Porte-mouche en émail de Saxe. Sujet Watteau à l'extérieur, sujet Boucher à l'intérieur.

204 — Tabatière, mosaïque florentine ; quatre colombes forment le sujet.

205 — Tabatière en cristal de roche, montée en or.

206 — Tabatière en ivoire avec petit portrait de femme. Epoque Louis XVI.

207 — Tabatière en écaille avec une peinture fixée représentant une Fête villageoise.

208 — Tabatière en bois. Miniature de Klingstett : Jupiter et Léda.

209 — Petite bonbonnière Louis XV, en ivoire, travail à jour d'une grande finesse. (Cadet et Babet.)

210 — Tabatière en écaille blonde, montée en or.

211 — Miniature montée sur boîte en ivoire : joli petit portrait de femme Louis XV.

212 — Tabatière en vernis Martin, garnie d'or, extérieurement et intérieurement. Elle est ornée d'un fixé par Greuze, et du portrait de la Joconde, belle miniature italienne.

213 — Bonbonnière en vernis Martin, garnie d'or, ornée d'une gouache représentant un jeune chien.

214 — Boîte en écaille et vernis Martin incrustée d'or. Sujet héroïque.

215 — Petite bonbonnière en écaille, garnie d'or : divers animaux et oiseaux.

216 — Tabatière en écaille avec un paysage fixé, par Valenciennes.

217 — Bonbonnière en écaille blonde ornée d'un émail.

218 — Tabatière à surprise Louis XVI, en bronze doré.

219 — Une boîte en Brunswik : l'Odalisque.

220 — Une mosaïque : chien à l'arrêt d'un oiseau.

221 — Cinq tabatières. (Seront divisées.)

FAÏENCES & PORCELAINES

222 — Petite plaque en faïence flamande.

223 — Autre petite plaque : sujet tiré de la Bible. Très-belle d'émail.

224 — Plat ovale : figure allégorique de la Nature.

225 — Bernard de Palissy.

226 — Quatre plaques en faïence italienne : sujets pastoraux encadrés. (Seront divisés.)

227 — Autre sujet pastoral en faïence italienne. Dans une charmante bordure en bois sculpté.

228 — Très-beau plat en faïence italienne. Sujet mythologique avec une légende latine. Décoration harmonieuse, d'après le dessin de Jules Romain. Faïence d'Urbino, grande dimension.

229 — Deux figurines en faïence blanche (Faenza) représentant l'Aurore et le Jour.

230 — Un mandarin chinois en ancienne porcelaine blanche.

231 — Petite figurine en porcelaine blanche et petit vase à anses en faïence de Moustier.

232 — Vingt-cinq assiettes en Chine et en Japon vieux, une autre en porcelaine à la Reine. Belle décoration. (Seront divisées.)

233 — Deux rafraîchissoirs en porcelaine de vieux Saxe, décorés de fleurs. Charmante et belle qualité.

234 — Service à thé complet. Porcelaine à la Reine.

235 — Petite soupière et son plateau en vieux saxe camaïeu, décorée de petits sujets Watteau, d'une grande finesse d'exécution. Qualité supérieure.

236 — Autre soupière et son plateau en vieux saxe, décorée de fleurs. Qualité supérieure.

237 — Sucrier à anses et sa soucoupe en vieux saxe décorés de fleurs en relief. (Idem.)

238 — Jardinière en vieux sèvres pâte tendre. (Joli décor.)

239 — Sucrier vieux saxe, décoré de fleurs en relief. (Idem.)

240 — Vase en vieux sèvres pâte tendre, décoré de fleurs.

241 — Théière en vieux saxe, décorée de fleurs. (Idem.)

242 — Une tasse avec sa soucoupe, décorée de fleurs. (Idem.)

243 — Pendant de la précédente.

244 — Service complet en saxe et chine, composé de six tasses, une théière, un sucrier, un pot au lait et un bol. Beau décor.

245 — Quatre tasses : une du Japon, une de Chine, et deux ornées de sujets romains.

246 — Deux tasses et leurs soucoupes en vieux sèvres, pâte tendre, toutes deux blanches et dorées.

247 — Charmante petite tasse es sa soucoupe en vieux sèvres, pâte tendre. Décor camaïeu.

248 — Petite tasse avec sa soucoupe et son pot au lait en porcelaine à la Reine. Décor de fleurs.

249 — Tasse et soucoupe charmantes de décor, fond vert et or : oiseaux et fleurs. (Sèvres de l'Empire.)

250 — Petite soupière en porcelaine à la Reine, avec décor de fleurs.

251 — Deux petites tasses et leurs soucoupes en vieux sèvres, pâte tendre, charmant décor.

252 — Petite tasse en porcelaine fleurdelisée, portant au verso : A. II. 352 ; fin du règne Henri II, commencement de la fabrication de la porcelaine.

253 — Grand vase en faïence d'Urbino.

BIJOUX & ORFÉVRERIE

254 — Intaille gravée antique, montée en or. Bague.

255 — Intaille montée en or, gravée sur onyx. Sujet érotique, bague antique.

256 — Intaille montée en or : Vénus accroupie, bague.

257 — Camée à deux couches, monté sur épingle en or. Antique. Collection Capranesi. Tête de femme.

258 — Intaille montée en or, gravée sur cornaline. Objet rare, l'Hermaphrodite.

259 — Camée antique représentant un satyre. Monture ancienne. Épingle montée en or.

260 — Camée antique monté en or : Nymphe.

261 — Camée sur sardoine : l'Amour et le Cygne. Collection Capranesi. Très-remarquable.

262 — Gaine en galuchat, époque Louis XVI, contenant deux couteaux, dont l'un à lame d'or, garnis d'or ciselé, manche en nacre.

263 — Aiguière d'argent et sa cuvette très-finement ciselées.

264 — Petite cuillère à café en or dans sa gaîne en galuchat.

265 -- Petit étui en or gravé et ciselé.

266 — Etui en or ciselé Louis XVI. Gaîne en galuchat.

267 — Couteau de dessert à double lame, dont une en argent;
le manche en nacre garni d'or.

268 — Porte-crayon Louis XVI en or.

269 — Petit cachet en or avec saphir blanc gravé. Tête de
César.

270 — Montre Louis XVI en or avec émail. Quadruple ran-
gée de perles fines.

271 — Montre en or Louis XV. Beau cadran en bosse.

272 — Petite boîte en vermeil contenant une perle fine et
deux opales.

273 — Cachet en cristal de roche avec une légende gravée.
Monture en or Louis XV.

274 — Deux petits souvenirs Louis XVI, en nacre, garnis
d'argent et or.

275 — Monnaie espagnole : Ferdinand et Isabelle la Catho-
lique.

276 — Monnaie grecque en or : Tête d'empereur, cheval au
verso.

277 — Une broche, un petit collier, une paire de boucles
d'oreilles Louis XVI, garnis de perles fines. Le tout
monté en or.

278 — Une petite montre en or.

279 — Petite boîte en argent contenant deux pépites d'or de la Californie, onze petites roses et brillants.

280 — Cinquante jetons Louis XV en argent.

281 — Petite épingle en or émaillé, garnie de brillants.

282 — Tête de Bacchus en argent. Epingle en or.

283 — Deux cachets en argent aux armes des Belesta.

284 — Deux cachets moyen âge avec légende gravée.

285 — Huit monnaies diverses en argent.

286 — Cinq petites médailles romaines en argent. (Seront divisées.)

287 — Médailles en argent pour le mariage du Dauphin, avec un beau portrait de Marie-Antoinette.

288 — Un petit cadre en filigrane d'or avec turquoise et améthystes : Vierge espagnole.

289 — Monnaie espagnole de Ferdinand VI.

290 — Flacon Louis XVI en argent doré, un autre en pierre rouge des Etats romains avec petite mosaïque.

291 — Petit nécessaire Louis XV en argent repoussé avec ses pièces à l'intérieur, en argent.

292 — Un petit flacon en ivoire monté en or.

293 — Un lot de quatre bagues avec pierres gravées or et argent.

294 — Un lot composé d'un petit flacon d'argent doré et d'une plaque écaille et or.

295 — Vierge espagnole en argent. Notre-Dame du Pilier. Travail en filigrane.

296 — Saint-Jean et la Vierge Marie, petites figurines en argent, du XVIᵉ siècle.

297 — Petite écuelle avec sa tasse et son entonnoir en vermeil.

298 — Une petite croix émaillée fond noir et une petite boîte en nacre garnie d'or.

299 — Un petit étui en pierre dure garnie d'or.

300 — Une petite boussole de marine, dite Buterfield, en argent gravé, dans son écrin primitif.

301 — Un lot de médailles romaines et autres.

302 — Un petit encrier en agate avec bouchon d'argent.

BRONZES

303 — Portrait en pied du chevalier de Buffon.

304 — Portrait de Voltaire, également en pied, sur socle en marbre et bronze.

305 — Portrait de Jean-Jacques Rousseau. Pendant du précédent.

306 — Beau bronze : Amour sur un aigle.

307 — Autre beau bronze, pendant du précédent. D'un travail très-fini, inédit. (Faculté de reproduction.)

308 — Figurine en bronze : Mercure.

309 — Autre figurine : l'Abondance. Pendant de la précédente.

  (Toutes les deux montées sur socle Louis XVI en bronze et d'un travail italien très-fin.)

310 — Deux figurines antiques montées sur socle de bronze : Statuettes de déesses.

311 — Bronze florentin : Nègre attaché à un poteau ; bronze creux d'un beau travail et d'une grande finesse.

312 — Portrait de Louis XIV jeune. Attribué à Bouchardon.

313 — Petite figurine antique : Bachus Vendangeur. Sur socle en marbre.

314 — Beau groupe en plomb (antique). Objet capital. Enlèvement de Déjanire.

315 — Figurine en bronze sur socle marbre blanc et jaune : Le Joueur de Cornemuse.

316 — Autre figurine : Nymphe. Pendant de la précédente. Socle de marbre.

317 — Petite figurine : Saint-Roch. Bronze du XVIe siècle. Socle en bois.

318 — Bronze italien : Vénus Callipyge. Sur socle en bois. (Antique.)

319 — Bronze antique : Figure avec une corne d'abondance.

320 — Flambeau en bronze doré du XVIIIe siècle. Amours supportant une Girandole.

321 — Figurine en bronze sur socle en marbre de deux couleurs, travail italien : jeune Enfant.

322 — Croix romane.

323 — Bronze ancien : Amour jouant du chalumeau.

324 — Pendant du précédent.

325 — Quatre poignées, deux œillets pour meuble Louis XV, en bronze doré.

326 — Deux grands chenets Louis XV, très-beau style rocaille.

327 — Médaille en bronze : Marie-Stuart avec la devise : *Ego simulacri tui possessor, tu cordis mei.* Grand modèle.

328 — Médaille en bronze : duc de Luynes, portant au verso deux hercules soutenant le Monde. Hors ligne. (*Idem.*)

329 — Médaille. Portrait de Gustave Adolphe. (*Idem.*)

330 — Médaille. Henri IV. Grand modèle. En repoussé. Très-beau de travail.

331 — Médaille grand modèle: Allégorie. Très-belle de ciselure.

332 — Autre très-belle médaille en bronze doré. Signée : Marc Antoine, au revers.

333 — Autre médaille, grand modèle : Duchesse de Montpensier, princesse de Dombes, avec armoiries fleurdelisées et fond de fleurs de lis. (Repoussée.)

334 — Plaque dorée : la Cérès, avec cariatides en support. Bronze repoussé et ciselé du xviiiᵉ siècle.

335 — Baiser de paix gothique, dit *Pax tecum*, incomplet, travail du xviᵉ siècle.

336 — Baiser de paix roman, très-curieux et très-conservé.

337 — Autre plaque bronze encadrée d'ornements : la Vierge et l'Enfant Jésus; travail italien.

338 — Bronze byzantin, plaque très-ouvrée en bronze, représentant la Vierge et l'Enfant Jésus, dans un petit cadre doré.

339 — Un Satyre aux pieds crochus portant une amphore d'une main et une coupe de l'autre.

340 — Pendant du précédent.

IVOIRES & BOIS SCULPTÉS

341 — Le Christ au tombeau , travail précieux ; plusieurs figures artistement touchées,

342 — Tête de crosse d'abbesse, du XVe siècle, historiée de dix-sept figures : Jésus et les docteurs (très-rare).

343 — Ossuaire gothique en os, historié de figures religieuses.

344 — Coffre en os, du temps de Charles VI, fait pour renfermer les jeux de cartes de l'époque, historié de sujets du temps et du Nouveau Testament ; couvercle en marqueterie damier.

345 — Saint Jean-Baptiste en bois sculpté du XVIIe siècle. Statuette en pied.

346 — Tableau en bois sculpté : squelette légendaire, signé de Marc-Antoine de Spolète, avec blason de cour princière ; chef-d'œuvre d'art et d'un fini remarquable.

ARMES DE LUXE ANCIENNES & MODERNES

347 — Poignard oriental, garni d'argent, manche et lame damasquinés or.

348 — Poignard corse, manche en corne à lame quadrangulaire.

349 — Poignard à gaîne, acier bruni, lame damas fin, manche en corne. Arme maltaise.

350 — Poignard malais, lame damas fin.

351 — Poignard de pionnier américain, à scie et à marteau, acier fin, gaîne en galuchat.

352 — Poignard calabrais, lame à losanges, damas fin.

353 — Poignard du xvie siècle, manche en fer et soie de l'époque, lame très-fine en acier ciselé à jour et gravé.

354 — Stylet moderne triangulaire, acier fin, manche en ivoire.

355 — Poignard moderne, manche en ivoire, gaîne garnie d'argent, lame triangulaire acier fin.

356 — Poignard de luxe moderne, ciselé et garni en cuivre doré, manche en ivoire, gaîne en peau de requin, très-beau damas fin.

357 — Poignard moderne, lame flamboyante, manche en ivoire, gaîne en acier fin bruni.

358 — Poignard acier fin, manche d'écaille, lame quadran-gulaire.

359 — Couteau de chasse du xviie siècle, manche en ivoire vert, gaîne en parchemin, garni d'argent.

360 — Poignard moderne, lame en damas moiré, manche en ivoire gravé, gaîne garnie de cuivre doré et orne-menté.

361 — Couteau de chasse, damas frisé, gaîne en cuir, monture argentée.

362 — Yatagan, lame de damas, gaîne et manche garnis d'argent et damasquiné.

363 — Couteau de chasse à manche de fer ciselé.

364 — Ancienne dague de merci, manche en fer, garde à jour.

365 — Couteau de chasse moderne, manche en corne, gaîne en cuir, lame damas fin.

366 — Couteau de chasse moderne, lame en acier fin.

367 — Trois couteaux-poignards, lames en damas fin.

368 — Couteau avec manche en agate Époque Louis XIII.

369 — Petits pistolets de poche, garnis en argent ciselé.

370 — Épée Louis XIV, poignée en cuivre ciselé, lame historiée et gravée avec devise.

371 — Epée du XVIᵉ siècle, poignée en fer à coquille.

372 — Couteau de chasse moderne, manche en corne, garni d'acier gravé.

373 — Un pistolet de Gastine, de Paris; arme de maître et de précision; dans sa boite en palissandre renfermant tous ses accessoires au complet, garni d'acier bruni, avec dessins d'une grande finesse, canon rayé à l'intérieur, manche en ébène sculpté.

374 — Un pistolet à quatre coups, charge superposée à canon double et en acier fondu, damasquinage frappé au marteau, provenant de la vente d Ibrahim-Pacha, avec son meuble finement gravé; chef-d'œuvre de Lepage; arme de maître historiée d'argent.

375 — Un pistolet de tir avec son écrin, signé Gaurin.

376 — Une carabine-pistolet, rayée, signée Delvigne. Belle gravure damas frisé.

377 — Une paire de pistolets d'arçon provenant de la vente d'Ibrahim-Pacha, garnis de cuivre doré et ciselé.

378 — Un pistolet espagnol du temps de Louis XIV.

379 — Deux pistolets, système Cessier ; armes de combat.

380 — Carabine de routier.

381 — Une paire de pistolets de tir, canons gravés.

382 — Une paire de pistolets à deux coups, canons superposés et à rubans, signés Prélat, à Paris.

383 — Un pistolet de salon, canon en cuivre, poignée en racine de buis. Arme curieuse.

384 — Fusil à quatre coups, d'une très-grande finesse, canon à rubans, quadruple batterie, supérieurement monté et mis en bois ; pièce d'arquebuserie de luxe, rare et curieuse, signé Lefaure.

385 — Fusil de maître à deux coups, de fabrique anglaise, signé Isaac Hollis, canon damas. Très-belle arme, étui en cuir.

386 — Très-belle arme anglaise, fusil double à deux fins, avec sa hausse graduée, très-beau canon ruban damas, jolie gravure, signé Richard. Arme de luxe, étui en cuir.

387 — Fusil double, canon damas moiré de Delbourse, jolie gravure, belle mise en bois, arme de maître, étui en cuir.

388 — Fusil double canon damas moiré, très-jolie gravure, arme de maître, signée Géérinck, arme de luxe, étui en cuir

389 — Un pistolet revolver à six coups.

390 — Fusil double, arme hors ligne, ayant appartenu à une
famille princière, canon damas et ruban, platine dorée,
garniture historiée en argent massif, à sujets artistement
gravés et ciselés, superbe mise en bois : d'une remarquable sculpture et damasquinure, accessoires dans la
crosse, étui en cuir.

391 — Fusil à trois coups, et à une seule détente, remarquable
assemblage de canons, damas ruban, arme de maître
signée Perrin-Lepage, de luxe et hors ligne, avec son
étui en cuir ; (les trois coups partent ensemble).

392 — Fusil double, arme anglaise et de maître, signée
Smith; charmante gravure, beau canon ruban, platine
hors ligne, étui en cuir.

OBJETS D'ART & CURIOSITÉS

393 — Deux flambeaux Louis XV en argent, à deux bran-
ches rocaille, ciselure très-fine, d'un beau style; ils sont
armoriés.

394 — Petite pendule Louis XVI en biscuit, avec figurines
pastorales.

395 — Autre pendule Louis XVI en bronze doré.

396 — Repoussé d'argent oxydé, représentant la Vierge,
l'Enfant Jésus et Saint Jean ; de Francisco Francia de
Padoue, orfèvre du XVe siècle.

397 — La Vierge et l'Enfant Jésus, figurine en ambre, travail du XVIe siècle, d'un fini précieux.

398 — Christ en croix en corail rose, d'un beau fini, avec
son écrin.

399 — Statuette en terre cuite : Apollon par Lucas, sculpteur toulousain.

400 — Bénitier en cristal de roche, gravé et garni d'argent, de Valerio Belli.

401 — Petite Vielle Louis XV, sculptée et marquetée. Elle est dans son écrin.

402 — Petite mandoline du XVI⁰ siècle, avec incrustation en nacre.

403 — Mandarins chinois sur un rocher, en pierre de Laar.

404 — Boîte chinoise en laque marquetée. Elle est ornée d'un miroir.

405 — Bloc en cristal de roche.

406 — Petit nécessaire en verre de Bohême, garni de bronze doré.

407 — Petit rouet Louis XV en cuivre.

408 — Trois coffres et un plateau en vieux laque de Chine.

409 — Petit panier en écaille.

410 — Deux figurines en marbre, époque de l'Empire, socles en bois.

411 — Petit paravent chinois à six volets, historiés de sujets en pierre dure.

412 — Une pagaie indienne historiée; curieuse.

413 — Petit trempe-parfum chinois en jade, sculpté à jour au sommet.

414 — Eperon en fer damasquiné en or, règne Henri II ; conservation précieuse.

415 — Éperon Louis XIV en bronze doré.

416 — Bouclier en fer repoussé et forgé, arme de parade, historiée de sujets romains.

417 — Une table Louis XIV, en ébène, garnie de sujets mythologiques repoussés en argent, avec les portraits des princes de l'époque et petites bordures de mascarons de figures toutes différentes (à examiner minutieusement).

418 — Grande et belle pendule en acajou Louis XVI, garnie de bronze doré très-fin, sujets en biscuit de Sèvres, avec deux médaillons du plus beau Sèvres, fond bleu.

419 — Deux grandes consoles de coin, en bois sculpté et doré, avec marbre d'Italie (carrière perdue).

420 — Statue indienne couchée, avec inscrustations, prise après les massacres de Delhi.

421 — Idole indienne en pierre dure, sur socle en bois sculpté (idem).

422 — Idole indienne en carton doré.

423 — Rayons de roue de char indien et autres objets sculptés en bois extrêmement dur.

424 — Croix Byzantine avec Christ en cuivre repoussé.

425 — Grande croix romane, en repoussé de cuivre ; pièce hors ligne, très-rare, et bien conservée.

426 — Une lanterne en cuivre repoussé, époque Louis XIV.

427 — Une petite lanterne en cuivre repoussé, époque Louis XIV.

428 — Pipe chinoise à opium en argent ciselé.

429 — Trois pièces religieuses en argent.

430 — Médaille florentine à l'effigie du prince Doria.

431 — Jolie empreinte, médaille moyen âge à l'effigie du Duc Carolus Burgondus.

432 — Médaille à l'effigie de Henri IV, bronze doré.

433 — Médaille antique et érotique romaine à l'effigie de César.

434 — Une paire de boucles Louis XVI en argent doré.

435 — Petit bas-relief pour tabatière, terre cuite de Clodion : le Voyage de la Mariée, d'une extrême finesse.

436 — Un lot de vingt-deux pierres dures.

437 — Un lot de douze pierres gravées, une mosaïque florentine et une plaque en agate.

438 — Un caillou du XVᵉ siècle, ornementé avec légende.

439 — Une cuillère, petite pelle, compas, tire-bouchon, et trois porte-crayons en argent.

440 — Un godet en cornaline gravée, avec une plaque en lapis lazuli.

441 — Bronze florentin : Satyre.

442 — Un éventail Louis XV, en ivoire. Gouache de l'école française.

443 — Robe de seigneur chinois, mandarin de première classe, brodée en or fin. Époque Louis XIV.

444 — Un sac de chasse indien.

445 — Pendule Louis XVI, en biscuit de Sèvres : l'Amour et la Fidélité. Charmante de faire et de composition.

446 — Bénitier de Jules Gellibert. Marbre blanc, représentant une chasse peinte et des perdrix sculptées.

447 — Une boîte contenant une foule d'objets, tels que monnaies, plaques, etc., à diviser par lots.

448 — Un lot de vingt-deux monnaies, bronzes anciens.

449 — Un lot de quatre médailles; portraits historiques.

450 — Une corne de monstre marin.

451 — Une paire de cornes de buffle.

452 — Un bois d'élan.

453 — Un bois de cerf.

PIPES

454 — Pipe en racine historiée, ciselée d'argent.

455 — Pipe Cummer montée en argent.

456 — Pipe en porcelaine allemande : le Chasseur.

457 — Pipe turque Cummer montée en argent, bouts d'ambre jaune et gris damasquiné d'or.

458 — Pipe porcelaine allemande : Dragon à cheval.

459 — Pipe en corne historiée et tournée. Très-curieuse.

460 — Pipe porcelaine allemande : Figure.

461 — Pipe en racine.

462 — Pipe en porcelaine allemande : deux Chiens gravés.

463 — Pipe en porcelaine française ornée de fleurs.

464 — Pipe en bois des Iles, curieuse de forme.

465 — Pipe en porcelaine blanche.

466 — Pipe en porcelaine allemande représentant un Chien.

467 — Pipe en racine : un Savant portant des Lunettes.

468 — Pipe en porcelaine allemande : les Adieux de Fontainebleau.

469 — Pipe en porcelaine allemande, montée en argent : le Tyrolien.

470 — Pipe en porcelaine : un Cavalier.

471 — Pipe en porcelaine, tuyau historié : Bivouac de Grenadiers.

472 — Pipe Cummer, beau tuyau d'ivoire sculpté et tourné.

473 — Grande Pipe en bois, bout d'ambre, montée en argent : le Pifferaro.

OISEAUX EMPAILLÉS

474 — Vautour arrian. Superbe échantillon pris sur un bélier à Bagnères-de-Bigorre.

475 — Oie sauvage.

476 — Canard sauvage.

477 — Poule d'eau.

478 — Courlio cendré.

479 — Outarde.

480 — Perdrix blanche, jeune.

481 — Perdrix rouge.

482 — Ramier.

483 — Biset.

484 — Palombe.

485 — Pendant du précédent.

486 — Sarcelle.

487 — Bécasse.

488 — Vanneau huppé.

489 — Pluvier doré.

490 — Merle-Litorne.

491 — Poule d'eau de Genêt.

492 — Tâte d'eau.

493 — Chevalier-Gambette.

494 — Merle drainé.

495 — Merle-Grive.

496 — Chevalier ordinaire.

497 — Poule d'eau Marouette.

498 — Loriot.

499 — Merle-Mauvis.

500 — Autre Loriot.

501 — Étourneau.

502 — Petite Poule.

503 — Martin-Pêcheur, dit Guinette.

504 — Bécassine sourde.

505 — Ortolan.

506 — Loutre.

507 — Putois.

Renou et Maulde, imprimeurs de la Compagnie des Commissaires-Priseurs,
rue de Rivoli, 144.   57879

www.ingramcontent.com/pod-product-compliance
Ingram Content Group UK Ltd.
Pitfield, Milton Keynes, MK11 3LW, UK
UKHW022138170726
13837UKWH00004B/1646